AF201098

Impressum
Verlag: BABADADA GmbH, Nedderfeld 112 , 22529 Hamburg
Geschäftsführer / Verlagsleitung: Harald Hof
Druck: Books on Demand GmbH, In de Tarpen 42, 22848 Norderstedt

Imprint
Publisher: BABADADA GmbH, Nedderfeld 112 , 22529 Hamburg, Germany
Managing Director / Publishing direction: Harald Hof
Print: Books on Demand GmbH, In de Tarpen 42, 22848 Norderstedt

school

mekdep

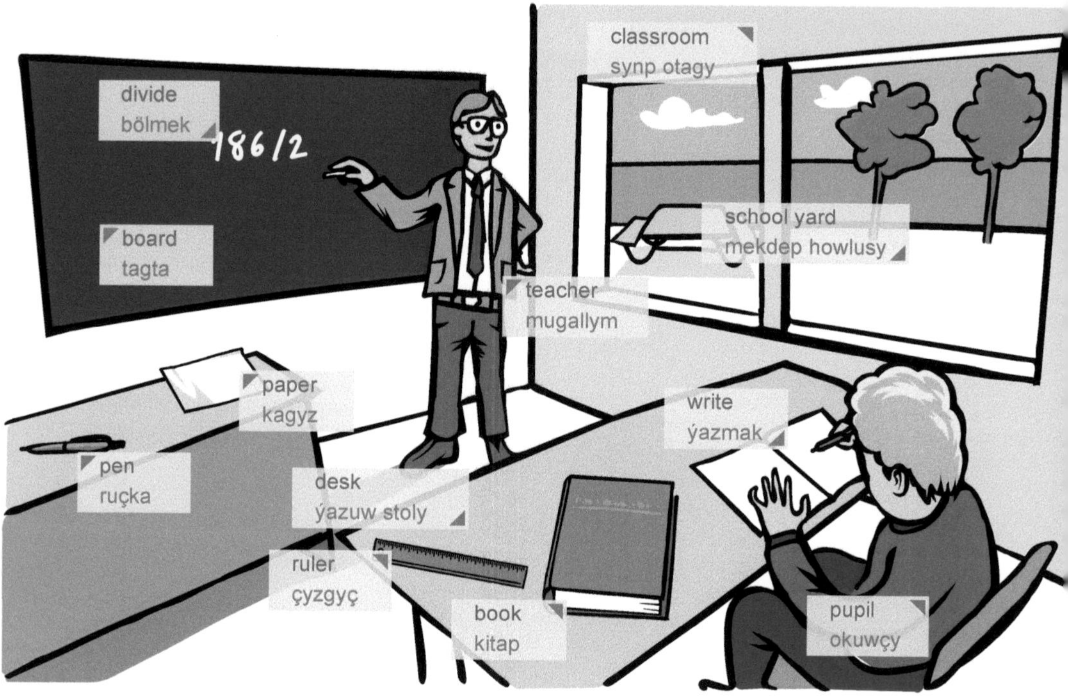
classroom
synp otagy
divide
bölmek
186/2
board
tagta
school yard
mekdep howlusy
teacher
mugallym
paper
kagyz
write
ýazmak
pen
ruçka
desk
ýazuw stoly
ruler
çyzgyç
book
kitap
pupil
okuwçy

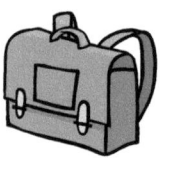

satchel

ranes

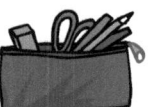

pencil case

penal

pencil

galam

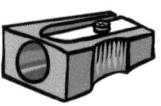

pencil sharpener

galam artylýan

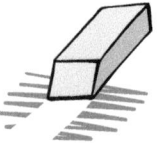

rubber

bozguç

drawing pad

surat çekmek üçin albom

drawing
surat

paintbrush
çotgajyk

paint box
reňkli guty

scissors
gaýçy

glue
ýelim

exercise book
depder

homework
öý işi

number
san

add
goşmak

subtract
aýyrmak

multiply
köpeltmek

calculate
hasaplamak

letter
harp

alphabet
elipbiý

word
söz

text

tekst

read

okamak

chalk

hek

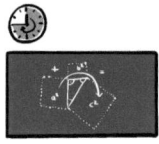

lesson

sapak

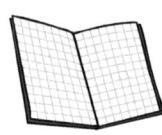

register

synp dergisi

exam

synag

certificate

diplom

school uniform

mekdep lybasy

education

bilim

encyclopedia

ensiklopediýa

university

uniwersitet

microscope

mikroskop

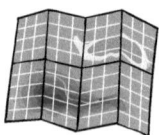

map

karta

waste-paper basket

kagyz üçin sebet

travel
syýahat

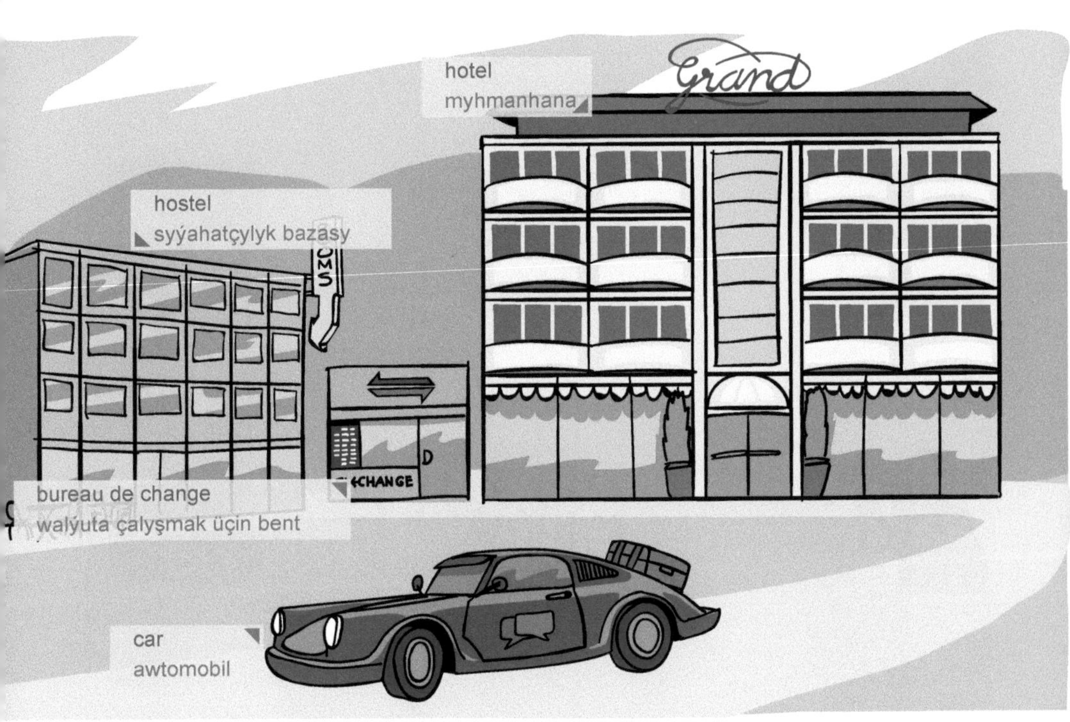
hotel
myhmanhana
Grand
hostel
syýahatçylyk bazasy
bureau de change
walýuta çalyşmak üçin bent
car
awtomobil

language
dil

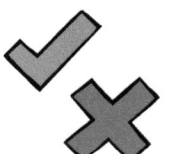

yes / no
hawwa / ýok

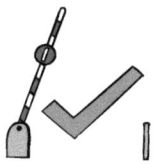

Okay
bolýa

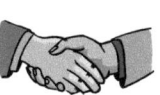

hello
salam

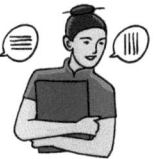

translator
terjimeçi

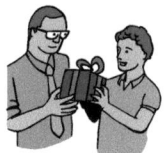

Thank you
Minnetdar

how much is...?

bahasy näçe?

I do not understand

men düşünmeýärin

problem

mesele

Good evening!

Agşamyňyz haýyr!

Good morning!

Ertiriňiz haýyrly!

Good night!

Gijäňiz rahat bolsun!

bye bye

görüşýänçäk

direction

ugur

luggage

ýük

bag

torba

backpack

eginden asylýan torba

guest

myhman

room

otag

sleeping bag

halta ýorgan

tent

çadyr

travel - syýahat

tourist information

syýahatçylyk maglumaty

beach

kenarýaka

credit card

karz karty

breakfast

ertirlik

lunch

günortanlyk

dinner

agşamlyk

ticket

petek

lift

lift

stamp

poçta markasy

border

çäk

customs

gümrük

embassy

ilçihana

visa

wiza

passport

pasport

travel - syýahat

transport
ulag

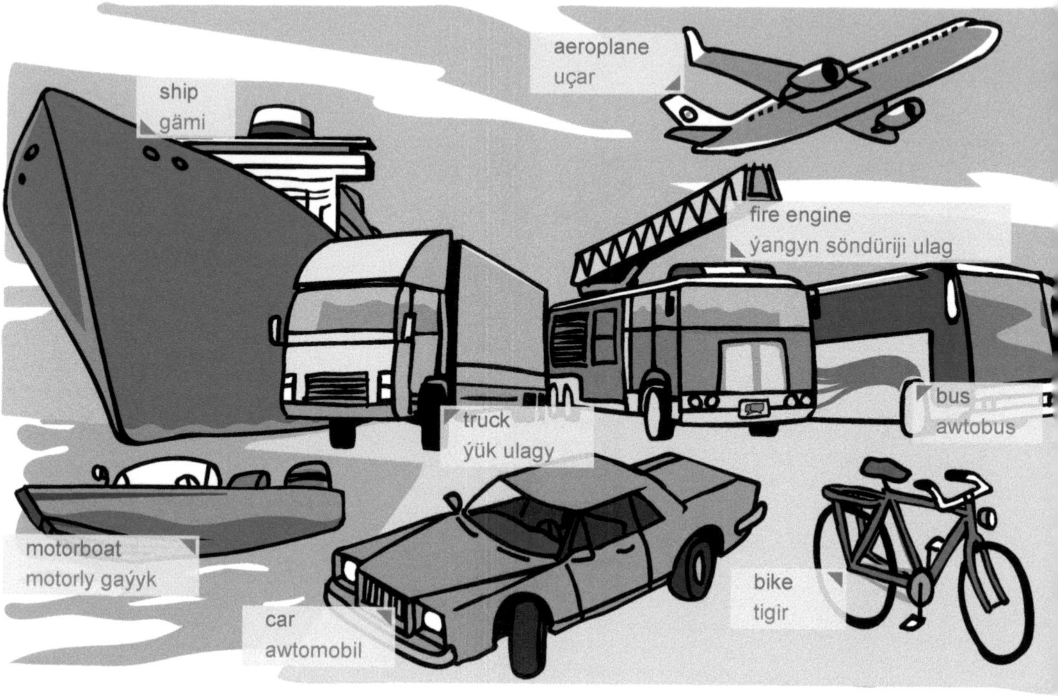

aeroplane
uçar
ship
gämi
fire engine
ýangyn söndüriji ulag
truck
ýük ulagy
bus
awtobus
motorboat
motorly gaýyk
car
awtomobil
bike
tigir

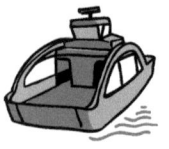

ferry

parom

boat

gaýyk

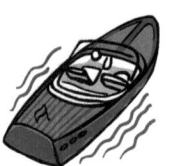

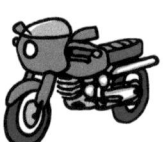

motorbike

motosikl

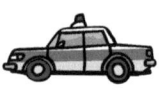

police car

polisiýa ulagy

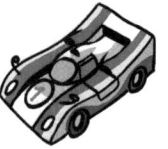

racing car

çapyşyk

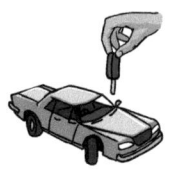

rental car

kärendä alnan ulga

car sharing

ulagy bilelikde ulanmak

breakdown truck

tirkeg ulagy

refuse truck

zir-zibil daşaýan ulag

motor

hereketlendiriji

fuel

ýangyç

petrol station

guýma

traffic sign

ýol belgisi

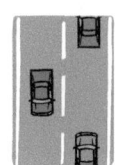

traffic

hereket

traffic jam

dyky

car park

awtoduralga

train station

menzil

tracks

seplem

train

otly

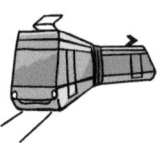

tram

tramwaý

carriage

wagon

helicopter

dik uçar

airport

howa menzili

tower

minara

passenger

ýolagçy

container

konteýner

carton

guty

cart

araba

basket

sebet

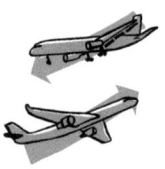

take off / land

uçmak / gonmak

city
şäher

village

oba

city centre

şäher merkezi

house

öý

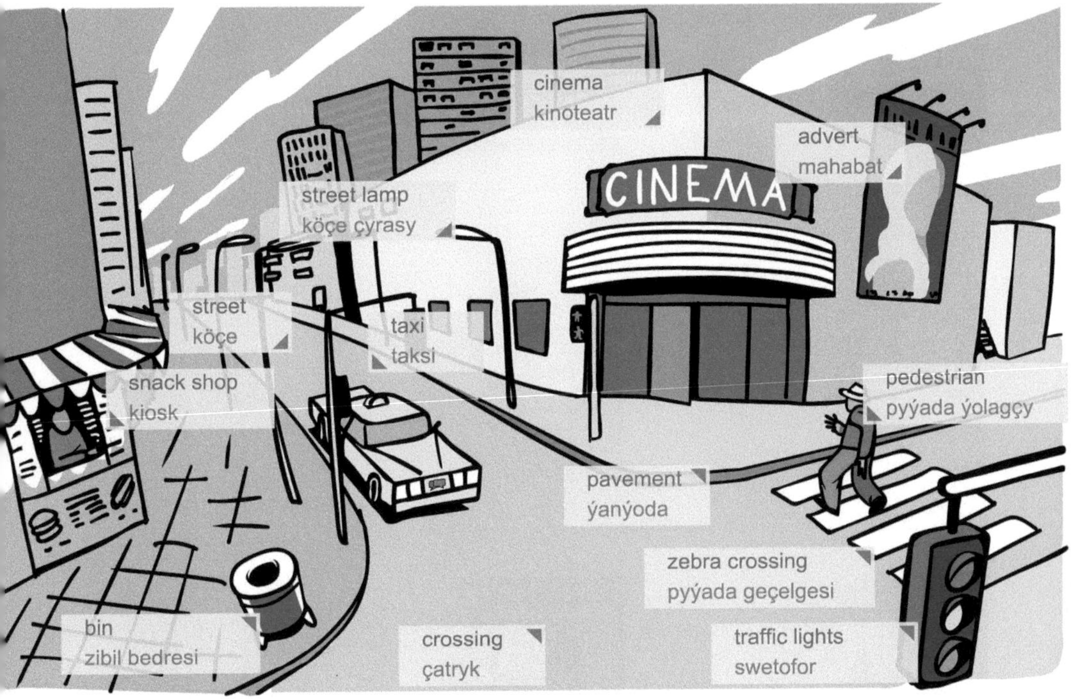

cinema
kinoteatr

advert
mahabat

street lamp
köçe çyrasy

CINEMA

street
köçe

taxi
taksi

pedestrian
pyýada ýolagçy

snack shop
kiosk

pavement
ýanýoda

zebra crossing
pyýada geçelgesi

bin
zibil bedresi

crossing
çatryk

traffic lights
swetofor

hut
....
kepbe

flat
....
öý

train station
....
menzil

town hall
....
şäher häkimligi

museum
....
muzeý

school
....
mekdep

university

uniwersitet

bank

bank

hospital

hassahana

hotel

myhmanhana

pharmacy

dermanhana

office

ofis

book shop

kitap dükany

shop

dükan

florist's

gül dükany

supermarket

supermarket

market

bazar

department store

uniwermag

fishmonger's

balyk söwdagäri

shopping centre

söwda merkezi

harbour

port

park

park

bench

oturgyç

bridge

köpri

stairs

merdiwan

underground

metro

tunnel

ötük

bus stop

awtobus

bar

bar

restaurant

restoran

postbox

poçta gutusy

street sign

köçäni adyny görkezýän
ýazgy

parking meter

parkometr

zoo

haýwanat bagy

swimming pool

basseýn

mosque

metjit

farm

ferma

pollution

daşky gurşawyň
hapalanmagy

graveyard

gonamçylyk

church

buthana

playground

çaga meýdançasy

temple

ybadathana

landscape

landşaft

signpost
ýol görkeziji

way
ýol

meadow
ýaýla

stone
daş

hiker
syýahatçy

tree
agaç

river
derýa

grass
ot

flower
gül

valley

dere

hill

dag

lake

köl

forest

tokaý

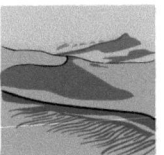

desert

çöl

volcano

wulkan

castle

gulp

rainbow

älemgoşar

mushroom

kömelek

palm tree

palma agajy

mosquito

çybyn

fly

sinek

ant

garynja

bee

bal arysy

spider

möý

beetle

tomzak

frog

gurbaga

squirrel

awusiýdik

hedgehog

kirpi

hare

towşan

owl

baýguş

bird

guş

swan

guw

boar

ýekegapan

deer

sugun

moose

los

dam

bent

wind turbine

şemal generatory

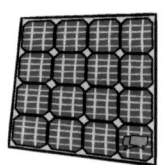

solar panel

gün batareýasy

climate

howa

restaurant
restoran

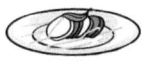

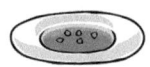

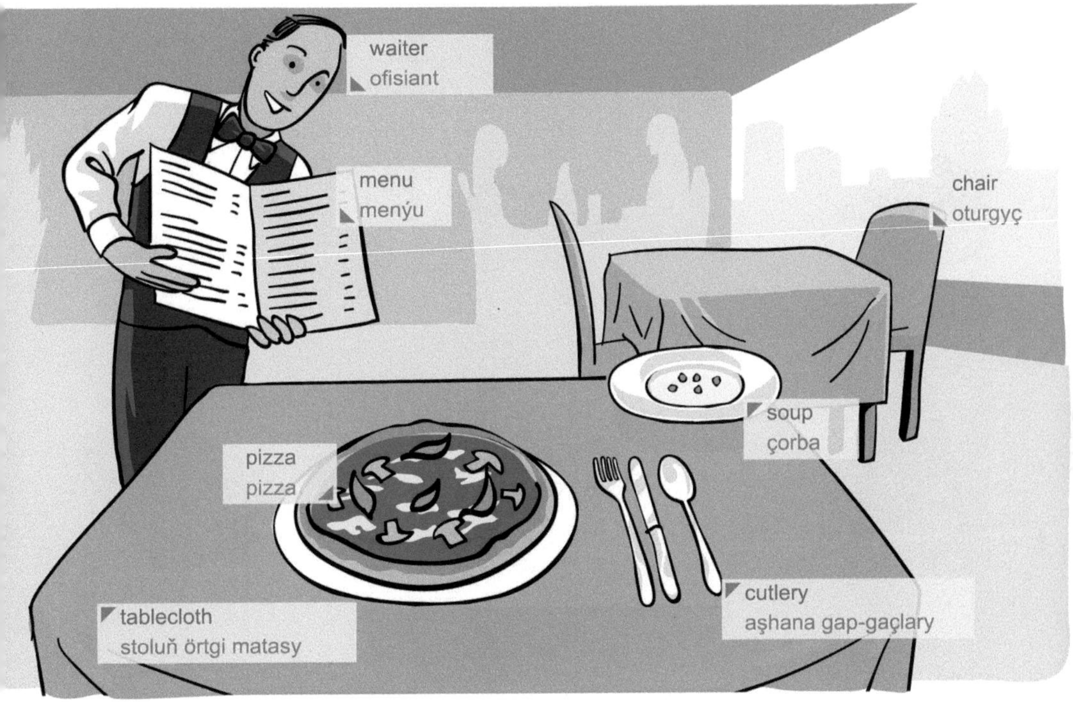

waiter
ofisiant
menu
menýu
chair
oturgyç
soup
çorba
pizza
pizza
cutlery
aşhana gap-gaçlary
tablecloth
stoluň örtgi matasy

starter
garbanma

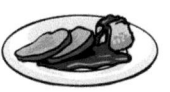

main course
esasy tagam

dessert
süýjülik

drinks
içgiler

food
nahar

bottle
süýşe

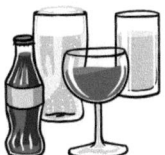

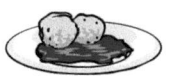

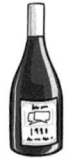

fast food

tiz tagam

street food

köçe iýmiti

teapot

çäýnek, kitir

sugar bowl

şeker gaby

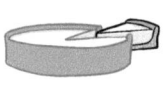

portion

porsiýa

espresso machine

kofe gaýnadyjy

high chair

çaga oturgyjy

bill

hasap

tray

mejme

knife

pyçak

fork

çarşak

spoon

çemçe

teaspoon

çaý çemçesi

serviette

salfetka

glass

bulgur

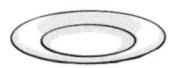

plate

tarelka

soup plate

çorba tarelkasy

saucer

tabajyk

sauce

sous

salt pot

duz gaby

pepper mill

burçy üweýji

vinegar

sirke

oil

ýag

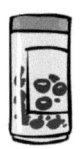

spices

huruş

ketchup

ketçup

mustard

gorçisa

mayonnaise

maýonez

restaurant - restoran

supermarket

supermarket

special offer
ýörite teklip
FOR
customer
alyjy
dairy
süýt önümleri
fruit
miweler
trolley
satyn alnan zatlar üçin araba

BUTCHERS

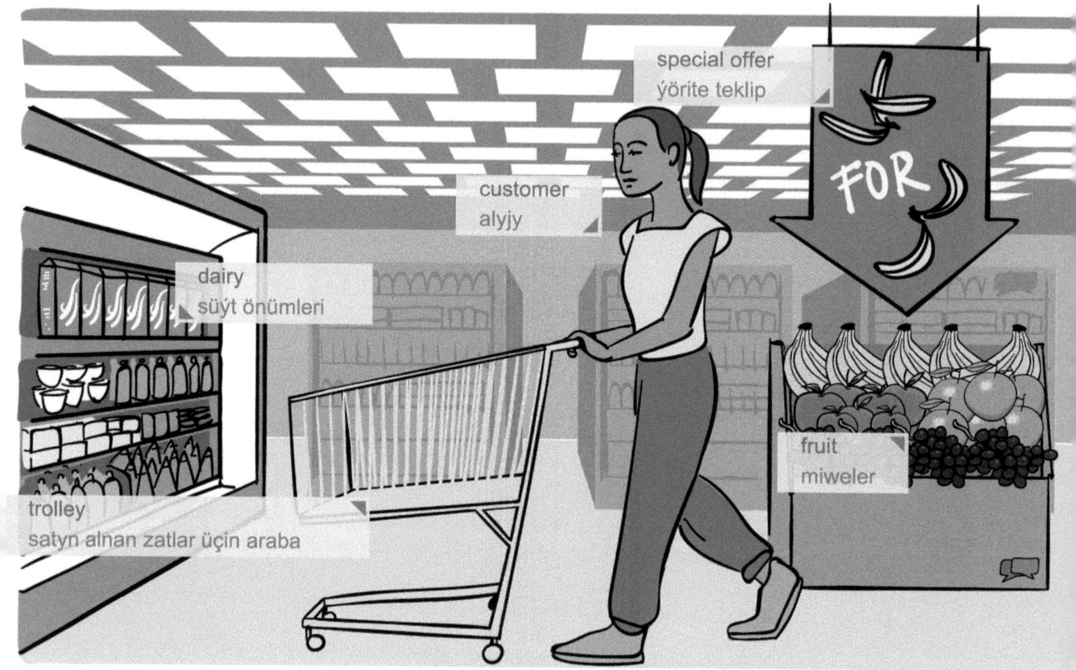

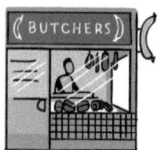

butcher´s

et dükany

BAKERY

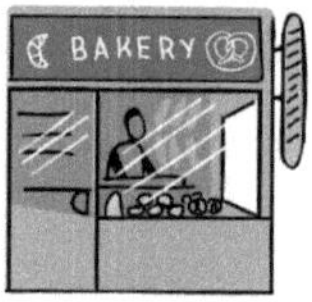

baker´s

çörek kärhanasy

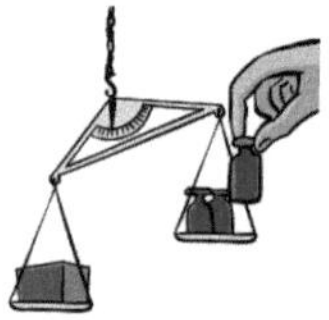

weigh

ölçemek

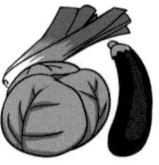

vegetables

gök önümler

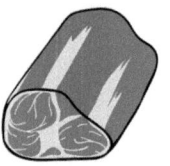

meat

et

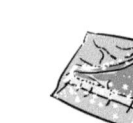

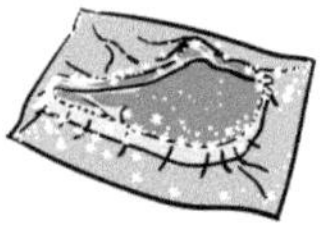

frozen food

tiz doňýan önümler

cold meat
kesme

tinned food
konserwirlenen önümler

washing powder
kir ýuwujy toz

sweets
süýjülikler

household products
öýde ulanylýan zat

cleaning products
ýuwujy serişde

salesperson
satyjy aýal

till
kassa

cashier
pulhanaçy

shopping list
satyn alynmaly zatlar

opening hours
iş wagty

wallet
gapjyk

credit card
karz karty

bag
sumka

plastic bag
polietilen paket

water

suw

juice

şire

milk

süýt

coke

koka-kola

wine

wino

beer

piwo

alcohol

alkogol

cocoa

kakao

tea

çaý

coffee

kofe

espresso

espresso

cappuccino

kapuçino

banana

banan

apple

alma

orange

pyrtykal

melon

garpyz

lemon

limon

carrot

käşir

garlic

sarymsak

bamboo

bambuk

onion

sogan

mushroom

kömelek

nuts

hoz

noodles

un aş

spaghetti

spagetti

rice

tüwi

salad

işdäaçar

chips

gowurylan ýer alma

fried potatoes

gowurylan ýer alma

pizza

pizza

hamburger

gamburger

sandwich

sendwiç

cutlet

üweme

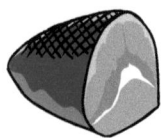

ham

wetçina

salami

salýami

sausage

şöhlat

chicken

towuk

roast

gowrulyp taýýarlanýan
nahar

fish

balyk

porridge oats

süle patragy

muesli

mýusli

cornflakes

mekgejöwen patragy

flour

un

croissant

kruassan

bread roll

bulka

bread

çörek

toast

tost

biscuits

köke

butter

ýag

curd

dorog

cake

pirog

egg

ýumurtga

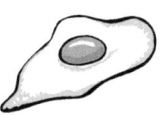

fried egg

heýgenek

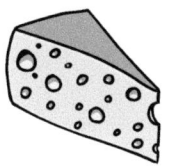

cheese

peýnir

ice cream

doňdurma

sugar

şeker

honey

bal

jam

marmelad

chocolate spread

nogully krem

curry

karri

farm
ferma

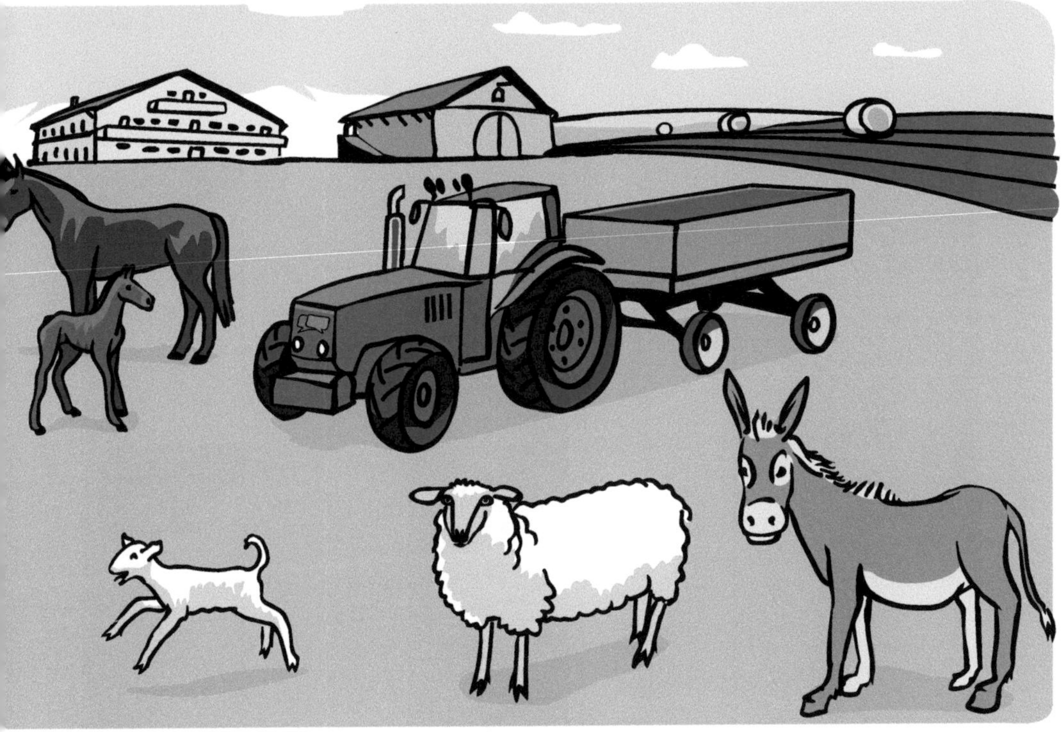

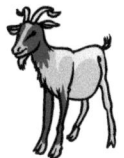

goat

geçi

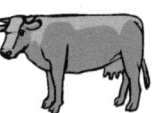

cow

sygyr

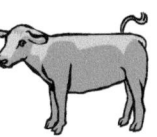

calf

göle

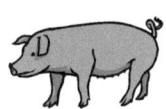

pig

doňuz

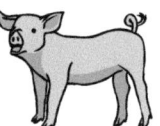

piglet

jojuk

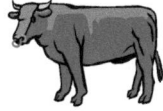

bull

öküz

goose

gaz

duck

ördek

chick

jüÿje

hen

towuk

cock

horaz

rat

alaka

cat

pişik

mouse

syçan

ox

öküz

dog

it

doghouse

it ÿatagy

garden hose

bag şlangy

watering can

guÿgyç

scythe

orak

plough

azal

sickle

orak

hoe

kätmen

pitchfork

dökün çarşagy

axe

palta

wheelbarrow

galtak

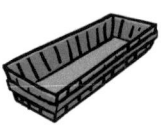

trough

kersen

milk can

süýt üçin tüňňür

sack

halta

fence

haýat

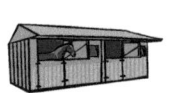

stable

çörek

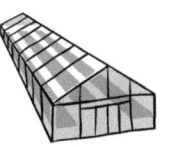

greenhouse

ýyladyşhana

soil

toprak

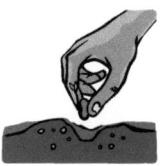

seed

ekin

fertilizer

dökün

combine harvester

kombaýn

harvest

hasyl ýygnamak

harvest

galla

yams

ýams

wheat

bugdaý

soy

soýa

potato

ýeralma

corn

mekgejöwen

rapeseed

raps

fruit tree

miwe agajy

cassava

manioka

cereals

däneli ösümlikler

house
öý

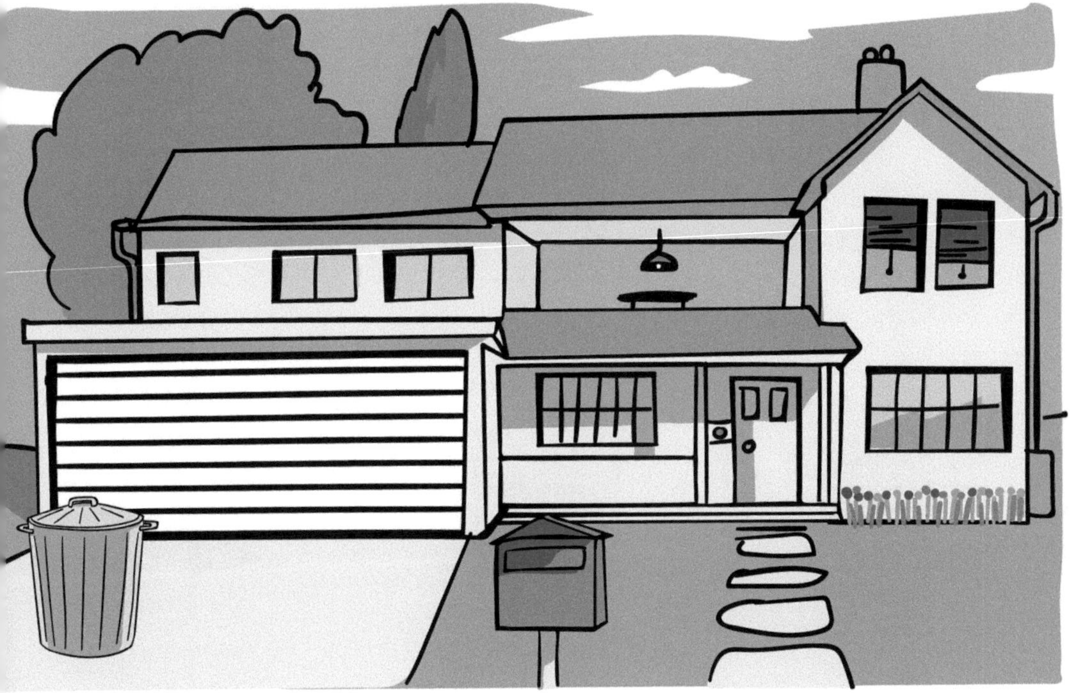

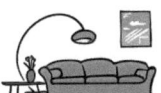

living room
....
myhman otagy

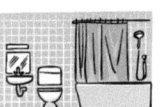

bathroom
....
wanna otagy

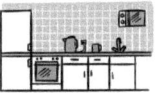

kitchen
....
aşhana

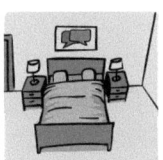

bedroom
....
ýatalga otagy

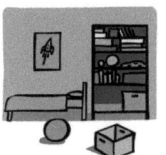

child's room
....
çaga otagy

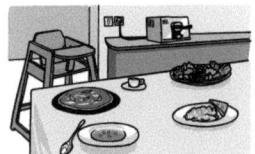

dining room
....
naharhana

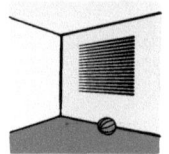

floor

pol

wall

diwar

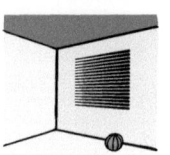

ceiling

potolok

cellar

ýerzemin

sauna

hamam

balcony

balkon

terrace

eýwan

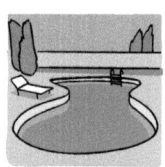

pool

howdan

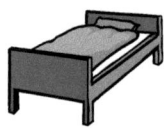

lawn mower

gazon orujy

sheet

ýorgan daşlygy

bedspread

örtgi

bed

ýatakça

broom

sübse

bucket

bedre

switch

öçüriji

living room

myhman otagy

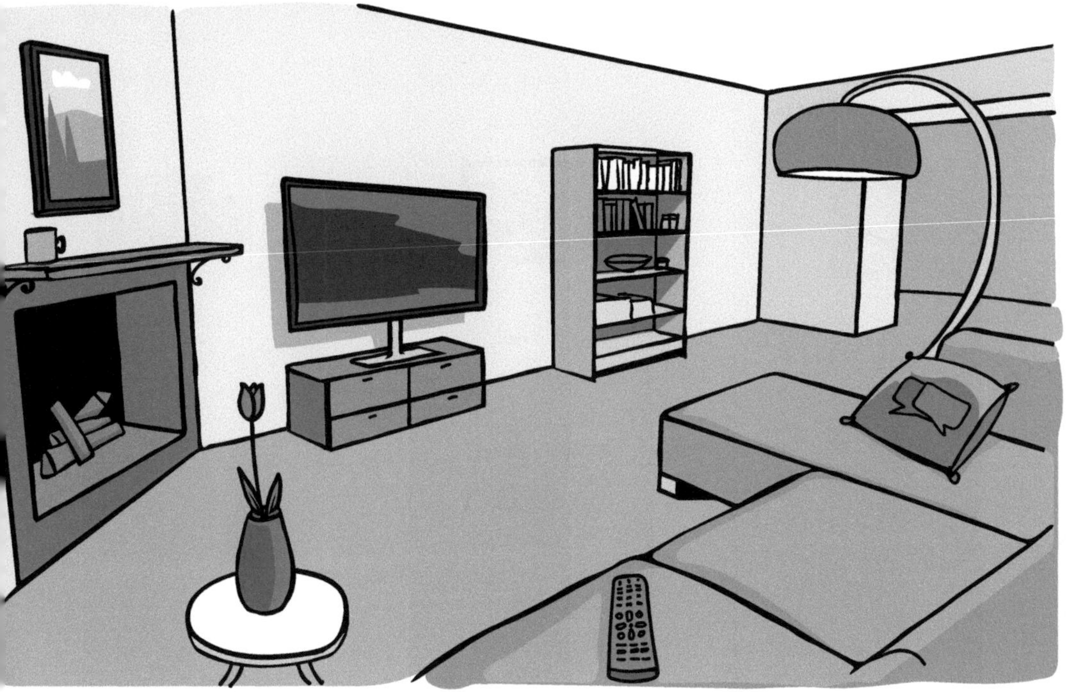

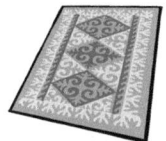

carpet

haly

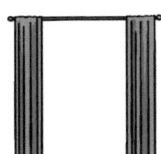

curtain

tuty

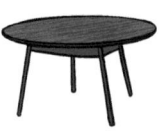

table

stol

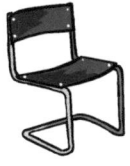

chair

oturgyç

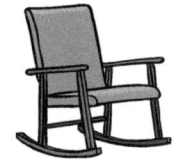

rocking chair

öňe-yza gaýdýan kürsi

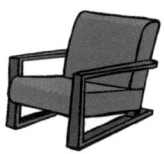

armchair

kürsi

book

kitap

blanket

örtgi

decoration

bezeg

firewood

odun

film

film

hi-fi equipment

stereo ulgam

key

açar

newspaper

gazet

painting

surat

poster

ündewsurat

radio

radio

notepad

bloknot

hoover

tozan sorujy

cactus

kaktus

candle

şem

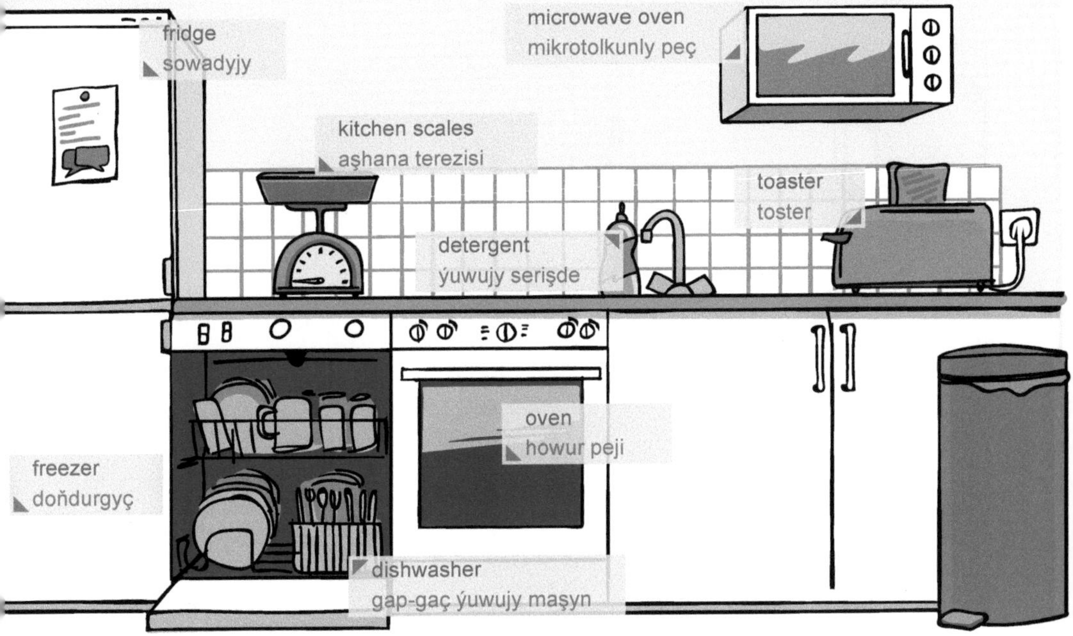

fridge
sowadyjy

microwave oven
mikrotolkunly peç

kitchen scales
aşhana terezisi

toaster
toster

detergent
ýuwujy serişde

oven
howur peji

freezer
doňdurgyç

dishwasher
gap-gaç ýuwujy maşyn

cooker

plita

pot

piti

cast-iron pot

çoýun gazany

wok / kadai

wok / kadaý

pan

saç

kettle

çäýnek, kitir

steamer

bugda bişiriji

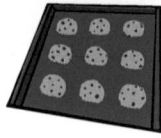

baking tray

protiwen

crockery

gap-gaç

mug

kürşge

bowl

jam

chopsticks

nahar iýilýän taýajyklar

ladle

susak

spatula

piljagaz

whisk

ýaýylýan maşyn

strainer

elek

sieve

elek

grater

gyrgyç

mortar

soky

barbecue

gril

open fire

ot

chopping board
tagta

rolling pin
oklaw

corkscrew
ştopor

can
tüneke banka

can opener
konserwa pyçagy

pot holder
tutguç

sink
rakowina

brush
çotga

sponge
gubka

blender
mikser

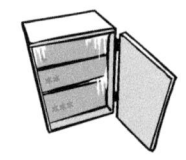

deep freezer
doňdurma kamerasy

baby bottle
çagany iýmitlendirmek üçin çüýşejik

tap
kran

bathroom

wanna otagy

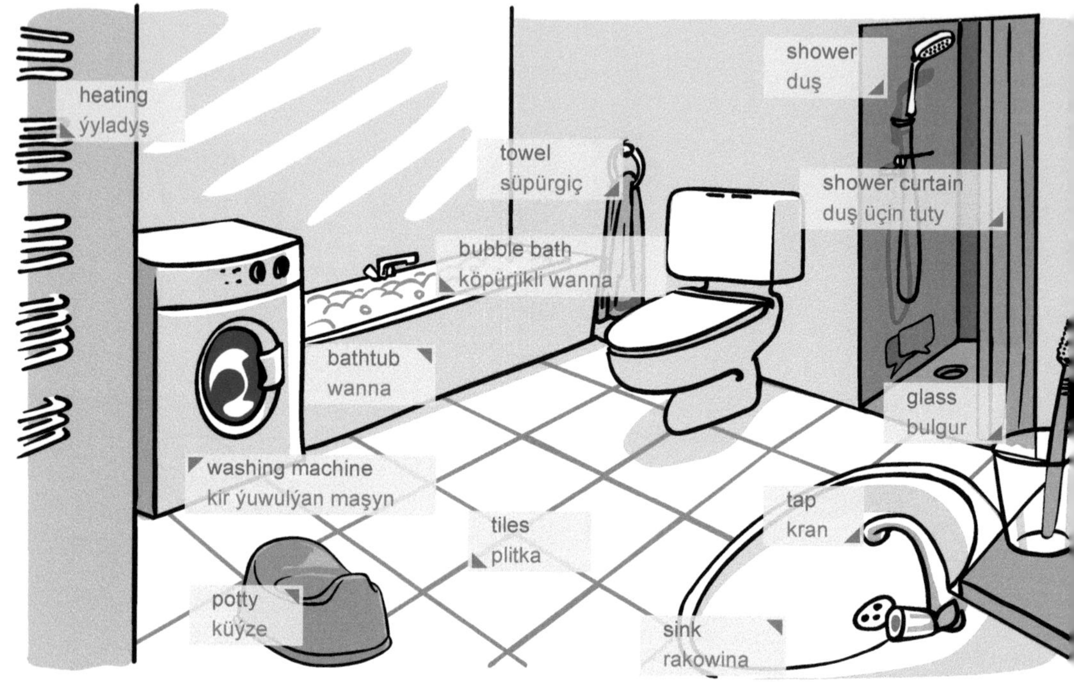

heating
ýyladyş
shower
duş
towel
süpürgiç
shower curtain
duş üçin tuty
bubble bath
köpürjikli wanna
bathtub
wanna
glass
bulgur
washing machine
kir ýuwulýan maşyn
tap
kran
tiles
plitka
potty
küýze
sink
rakowina

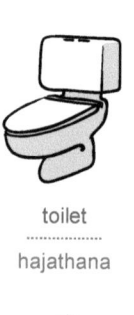

toilet
hajathana

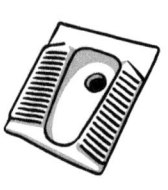

squat toilet
polda oturdylýan unitaz

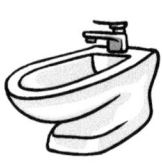

bidet
bide

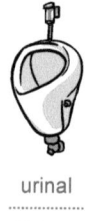

urinal
pissuar

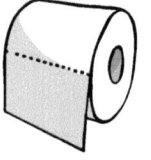

toilet paper
hajathana kagyzy

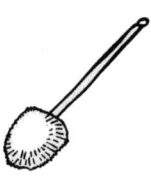

toilet brush
hajathana çotgasy

toothbrush

diş çotgasy

toothpaste

diş pastasy

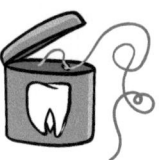

dental floss

diş sapagy

wash

ýuwmak

handheld shower

el duşy

douche

şahsy duş

basin

legen

back brush

arka üçin çotga

soap

sabyn

shower gel

duş üçin gel

shampoo

şampun

flannel

moçalka

drain

akyş

cream

krem

deodorant

dezodorant

mirror

aýna

hand mirror

el aýnasy

razor

päki

shaving foam

sakgal syrmak üçin köpürjik

aftershave

sakgal syrylanyndan soňky losýon

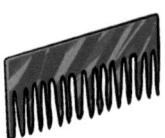

comb

darak

brush

çotga

hair dryer

fen

hairspray

saç üçin lak

makeup

kosmetika

lipstick

dodaga çalynýan reňk

nail varnish

dyrnaga çalynýan reňk

cotton wool

pamyk

nail scissors

manikýur gaýçysy

perfume

atyr

washbag

kosmetika üçin gutujyk

stool

oturgyç

weighing scale

terezi

bathrobe

halat

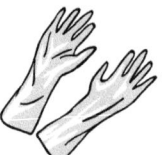

rubber gloves

rezin ellik

tampon

tampon

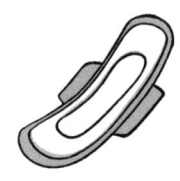

sanitary towel

gigiýena prokladkasy

chemical toilet

biohajathana

child's room

çaga otagy

alarm clock
oýaryjy
cuddly toy
ýumşak oýnawaç
toy car
oýnawaç awtoulag
rattle
şakyrdawukly oýnawaç
doll's house
gurjak öýi
present
sowgat

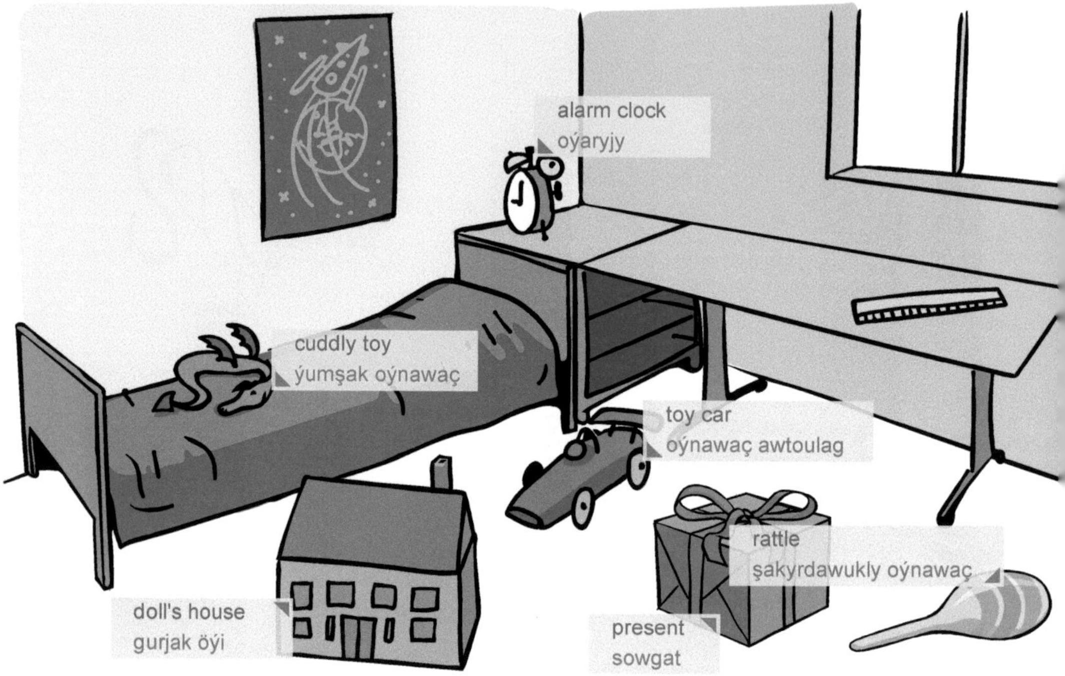

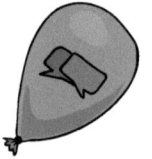

balloon

howaly şar

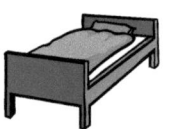

bed

ýatakça

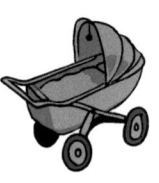

pram

çaga arabasy

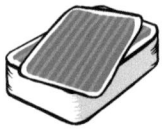

deck of cards

kart oýny

jigsaw

pazl

SUPER
MEGA

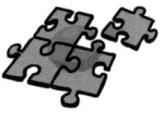

comic

komiks

lego bricks
Lego kerpiçleri

building blocks
kubikler

action figure
oýnawaç şekil

babygrow
çagalar üçin joraply balak

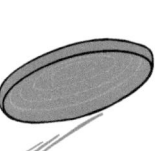

frisbee
frisbi

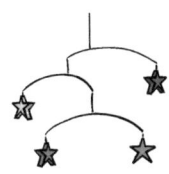

mobile
mobile

board game
stolüsti oýun

dice
kubik

model train set
demir ýolunyň modeli

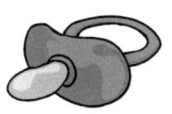

dummy
soska

party
şagalaň

picture book
şekilli kitap

ball
top

doll
gurjak

play
oýnamak

sandpit

çäge aýmança

swing

hiňňildik

toys

oýnawaç

video game console

oýun pristawkasy

tricycle

üç tigirli welosiped

teddy bear

plýuşadan aýyjyk

wardrobe

egin-eşik üçin şkaf

clothing

egin-eşik

socks

jorap

stockings

çulki

tights

kolgotka

scarf
şarf

belt
kemer

umbrella
saýawan

t-shirt
futbolka

boots
ädik

slippers
öý şypbygy

trainers
krossowka

sandals
sandaliýa

shoes
aýakgap

rubber boots
rezin ädik

underpants
türsük

bra
göwüslik

vest
maýka

body

bodi

trousers

jalbar

jeans

jins

skirt

ýubka

blouse

bluzka

shirt

köýnek

pullover

switer

hoodie

switer

blazer

sport keltekçesi

jacket

žaket

coat

palto

raincoat

plaş

costume

kostýum

dress

köýnek

wedding dress

toý köýnegi

suit

erkek üçin kostýum

nightgown

ýatyş köýnegi

pyjamas

pižama

sari

sari

headscarf

ýaglyk

turban

selle

burqa

perenji

kaftan

kaftan

abaya

abaýa

swimsuit

suwa düşmek üçin lybas

trunks

plawki

shorts

şorty

tracksuit

sport lybasy

apron

öňlük

gloves

ellik

button

ilik

glasses

äýnek

bracelet

bilezik

necklace

zynjyr

ring

ýüzük

earring

syrga

cap

papak

coat hanger

geýim asgyç

hat

şlýapa

tie

galstuk

zip

syrma

helmet

şlem

braces

egnaşyr kemer

school uniform

mekdep lybasy

uniform

lybas

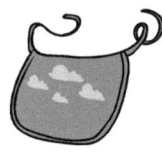

bib

çaga döşlügi

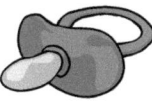

dummy

soska

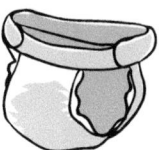

nappy

arlyk

office
ofis

server
serwer
filing cabinet
kanselýariýa şkafy
printer
printer
paper
kagyz
monitor
monitor
mouse
syçanjyk
desk
ýazuw stoly
folder
papka
keyboard
klawiatura
chair
oturgyç
waste-paper basket
kagyz üçin sebet
computer
kompýuter

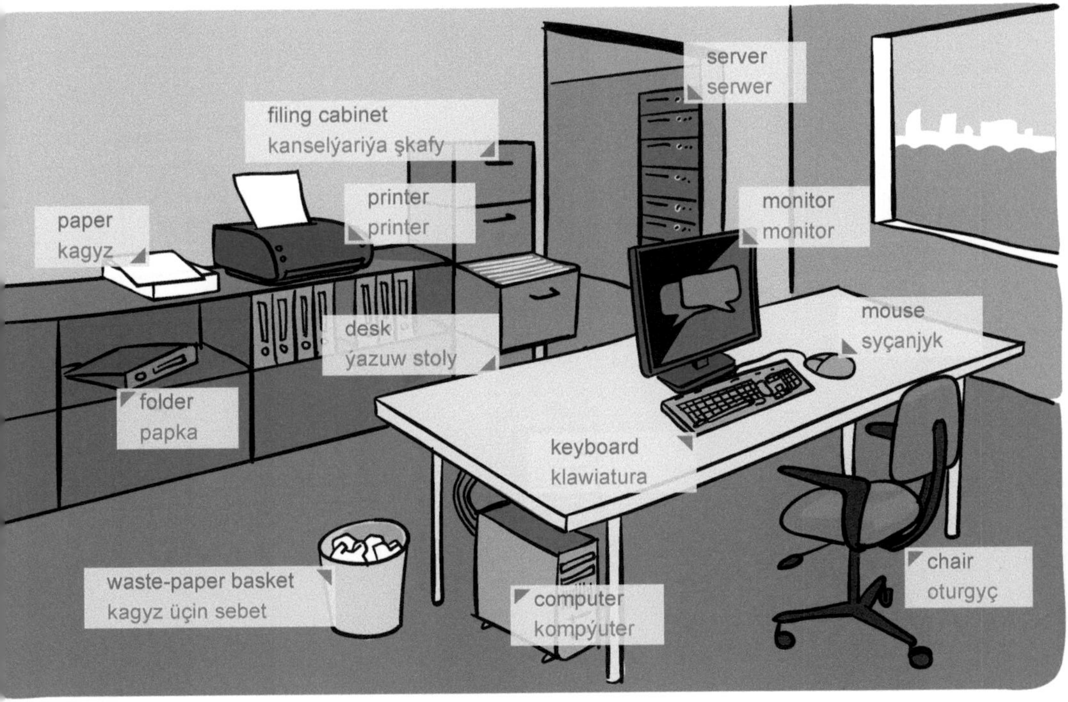

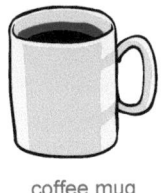

coffee mug

kofe kružkasy

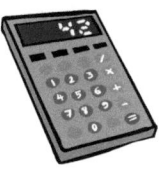

calculator

kalkulýator

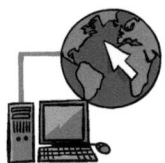

internet

internet

laptop

noutbuk

letter

hat

message

habar

mobile

öýjükli telefon

network

tor

photocopier

kseroks

software

programma

telephone

telefon

plug socket

rozetka

fax machine

faks

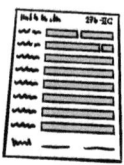

form

formulýar

document

resminama

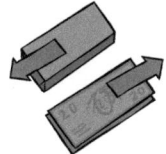

buy

satyn almak

pay

tölemek

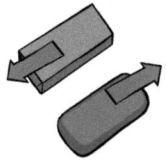

trade

söwda etmek

money

pul

 **USD**

dollar

dollar

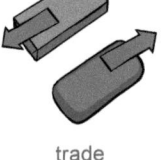 **EUR**

euro

ýewro

 **JPY**

yen

iena

 **RUB**

rouble

rubl

 **CHF**

Swiss franc

frank

 **CNY**

renminbi yuan

ženminbi ýuan

 **INR**

rupee

rupiýa

cashpoint

bankomat

bureau de change

walýuta çalyşmak üçin bent

gold

altyn

silver

kümüş

oil

nebit

energy

energiýa

price

baha

contract

şertnama

tax

salgyt

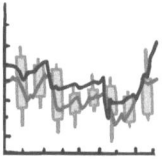

stock

paýnama

work

işlemek

employee

gullukçy

employer

iş beriji

factory

fabrik

shop

dükan

economy - ykdysadyýet

police officer
milisiýanyň işgäri

fireman
ýangyn södüriji

cook
aşpez

doctor
lukman

pilot
uçarman

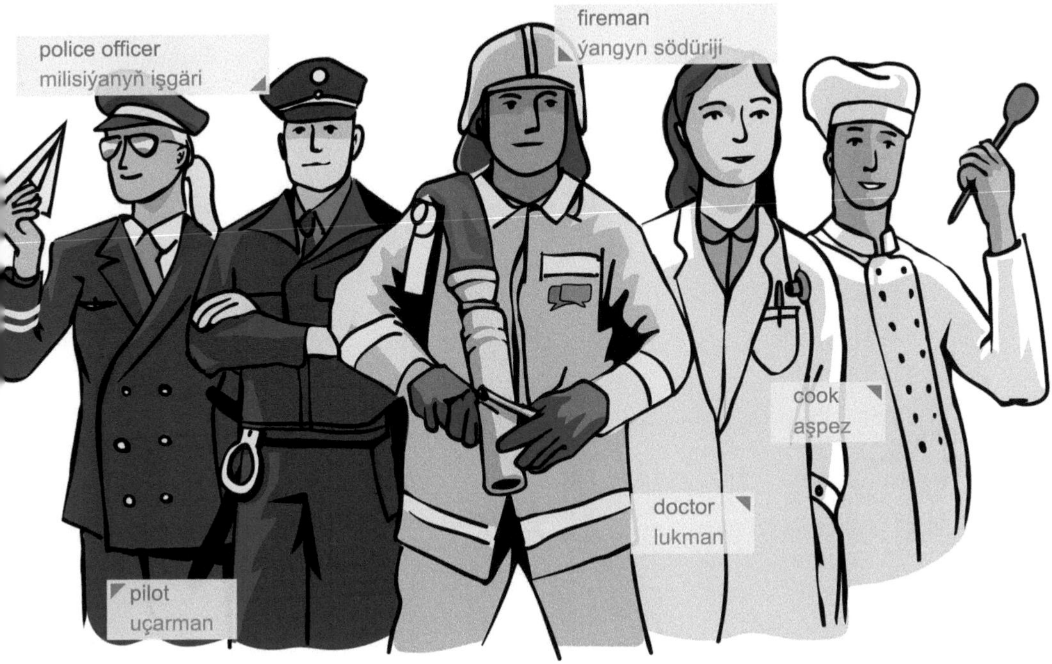

gardener

bagban

carpenter

agaç ussasy

seamstress

tikinçi

judge

kazy

chemist

himik

actor

aktýor

bus driver

awtobus sürüjisi

taxi driver

taksiçi

fisherman

balykçy

cleaning lady

tam süpüriji

roofer

üçek basyrýan ussa

waiter

ofisiant

hunter

awçy

painter

suratçy

baker

çörekçi

electrician

elektrik

builder

gurluşykçy

engineer

inžener

butcher

gassap

plumber

santehnik

postman

hatçy

soldier

esger

architect

binagär

cashier

pulhanaçy

florist

floraçy

hairdresser

dellekçi

conductor

konduktor

mechanic

mehanik

captain

kapitan

dentist

diş lukmany

scientist

alym

rabbi

rawwin

imam

imam

monk

monah

clergyman

ruhany

tools
gurallar

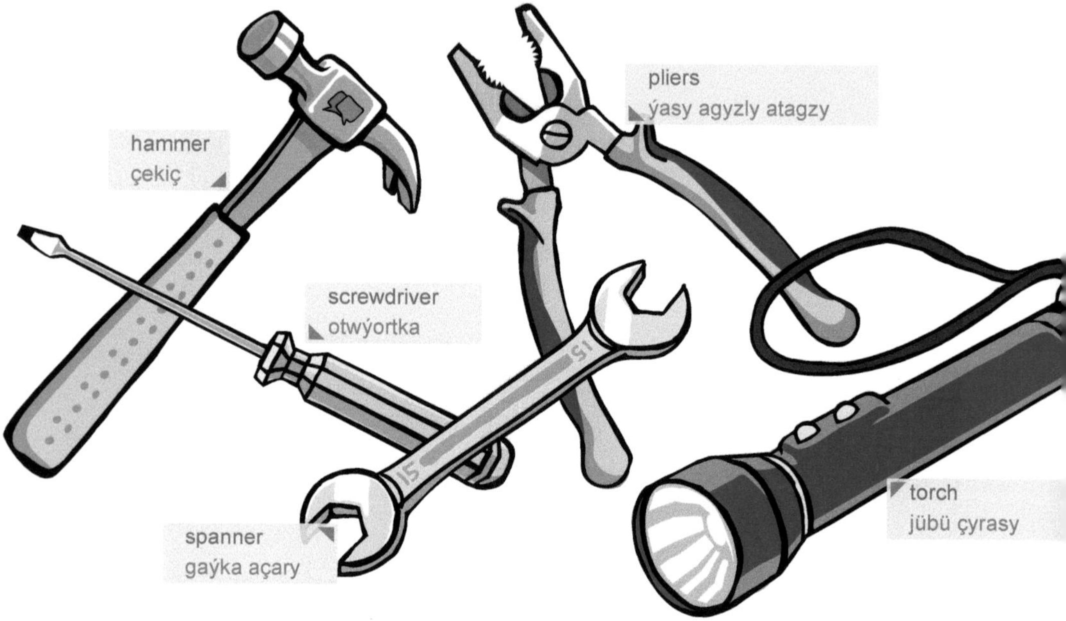
hammer
çekiç
pliers
ýasy agyzly atagzy
screwdriver
otwýortka
spanner
gaýka açary
torch
jübü çyrasy

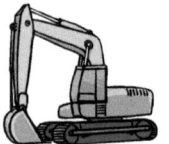

digger

ekskawator

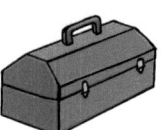

toolbox

gurallar üçin gap

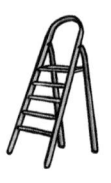

ladder

merdiwan

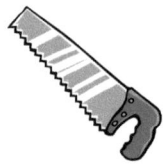

saw

byçgy

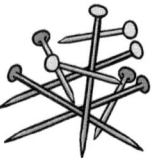

nails

çüýler

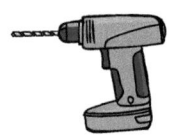

drill

drel

repair

abatlamak

shovel

pil

Damn!

Bolmandyr!

dustpan

susguç

paint pot

boýagly bedre

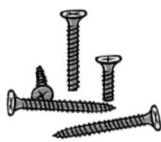

screws

nurbatlar

musical instruments
saz gurallary

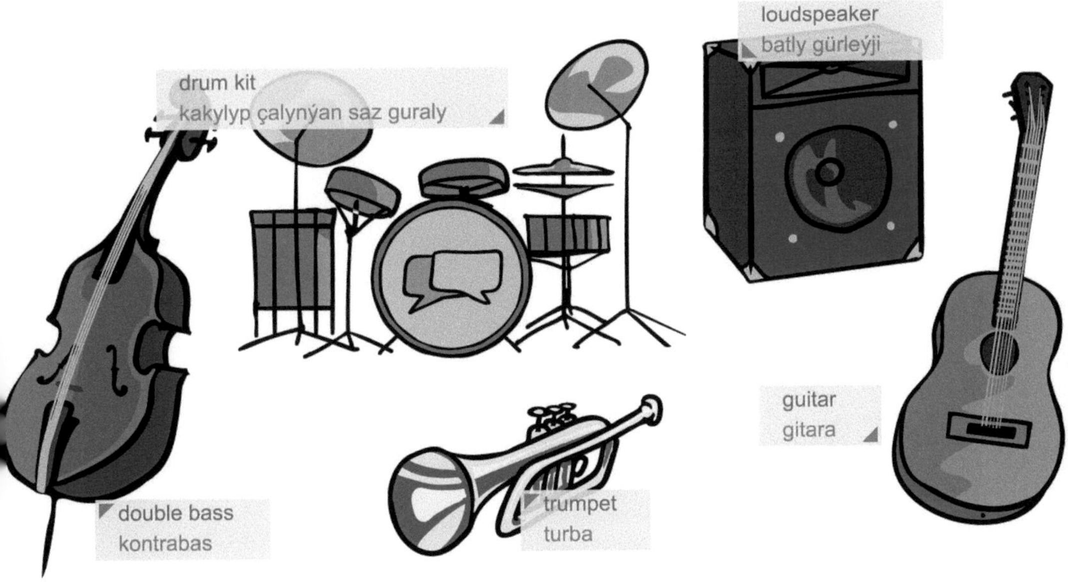

loudspeaker
batly gürleýji

drum kit
kakylyp çalynýan saz guraly

guitar
gitara

double bass
kontrabas

trumpet
turba

piano
pianino

violin
skripka

bass
bas-gitara

timpani
nagara

drums
deprek

keyboard
sintezator

saxophone
saksafon

flute
fleýta

microphone
mikrofon

haýwanat bagy

entrance
girelge

tiger
gaplaň

cage
öýjük

zebra
zebra

animal feed
iým

panda
panda

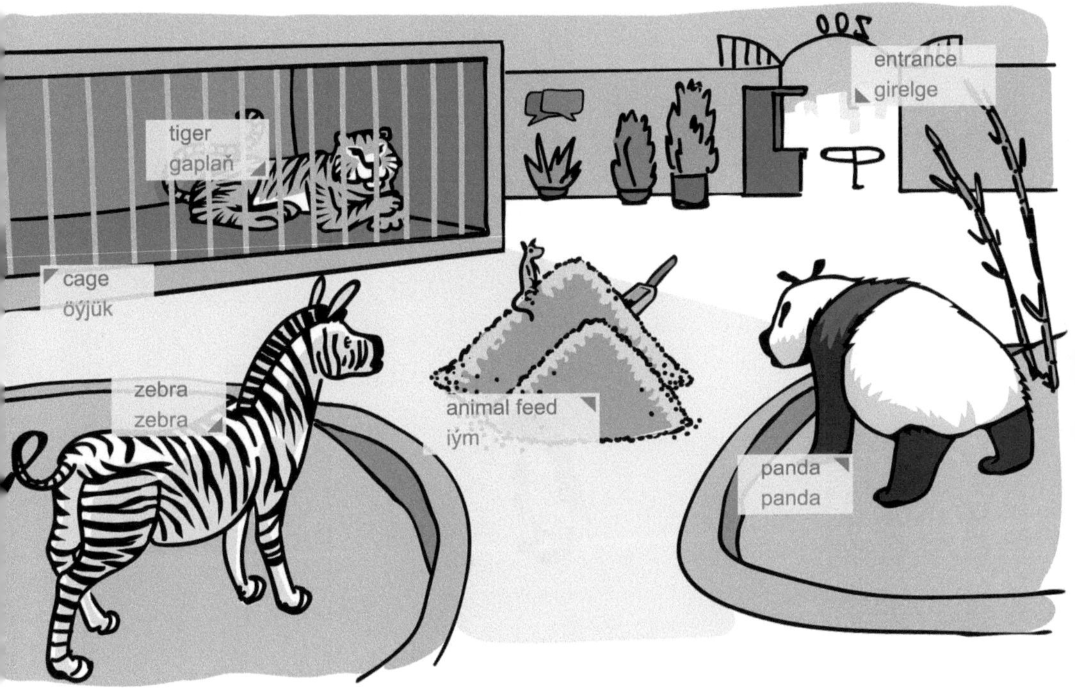

animals
haýwanlar

elephant
pil

kangaroo
kenguru

rhino
nosorog

gorilla
gorilla

bear
aýy

camel

düýe

ostrich

düýeguş

lion

ýolbars

monkey

maýmyn

flamingo

gyzylinjik

parrot

hindiguş

polar bear

ak aýy

penguin

pingwin

shark

akula

peacock

tawus

snake

ýylan

crocodile

krokodil

zookeeper

haýwanat bagynyň
gullukçysy

seal

düwlen

jaguar

ýaguar

zoo - haýwanat bagy

pony
poni

leopard
gaplaň

hippo
begemot

giraffe
žiraf

eagle
bürgüt

boar
ýekegapan

fish
balyk

turtle
pyşbaga

walrus
suwpişik

fox
tilki

gazelle
jeren

American football
amerikan

cycling
tigir sürmek

tennis
tennis

basketball
basketbol

swimming
ýüzme

boxing
boks

ice hockey
hokkeý

football
futbol

badminton
badminton

athletics
ýeňil atletika

handball
gandbol

skiing
lyža sporty

polo
polo

activities

hereket

jump
bökmek
hug
gujaklamak
laugh
gülmek
walk
gitmek
sing
aýdym aýtmak
dream
arzuw etmek
pray
dilemek
kiss
öpmek

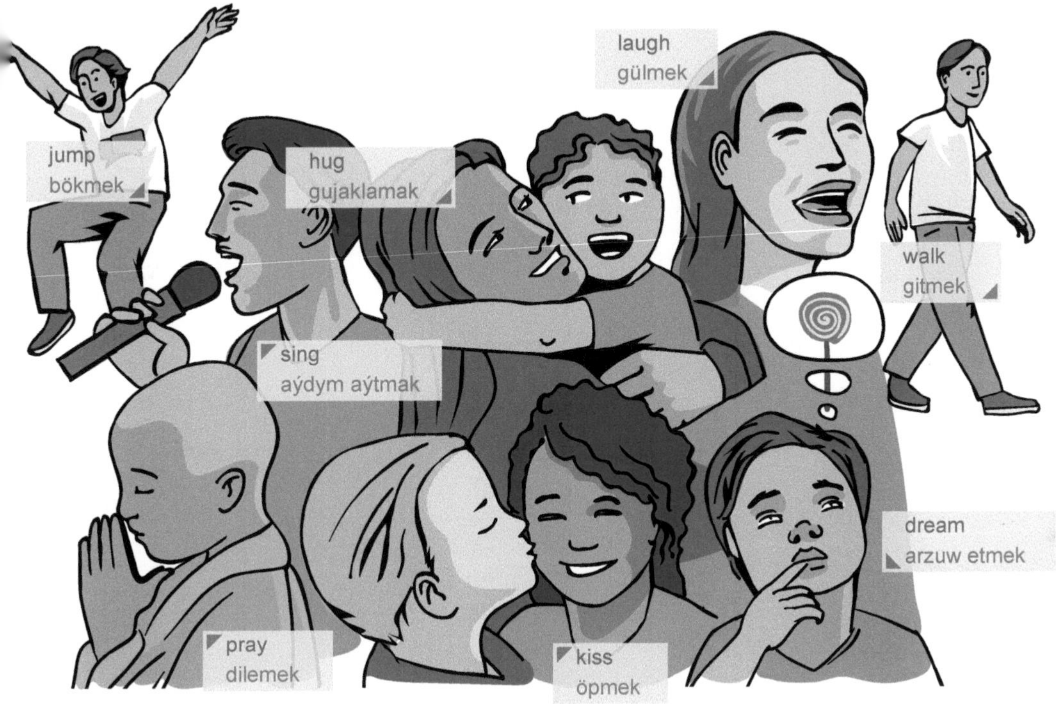

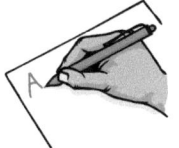

write

ýazmak

draw

surat çekmek

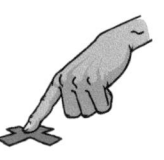

show

görkezmek

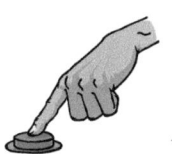

push

basmak

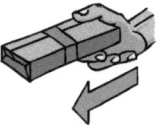

give

bermek

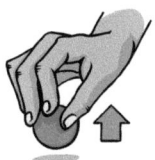

take

almak

have

eýe bolmak

do

etmek

be

bolmak

stand

durmak

run

ylgamak

pull

çekmek

throw

taşlamak

fall

gaçmak

lie

ýatmak

wait

garaşmak

carry

götermek

sit

oturmak

get dressed

geýmek

sleep

ýatmak

wake up

oýanmak

look at

görmek

cry

aglamak

stroke

sypalamak

comb

daramak

talk

gürlemek

understand

düşünmek

ask

soramak

listen

diňlemek

drink

içmek

eat

iÿmek

tidy up

tertipleşdirmek

love

söÿmek

cook

taÿÿarlmak

drive

gitmek

fly

uçmak

activities - hereket

sail

ýelkeni ýaýyp gitmek

calculate

hasaplamak

read

okamak

learn

okamak

work

işlemek

marry

nikalaşmak

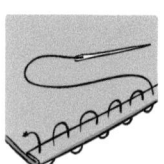

sew

dikmek

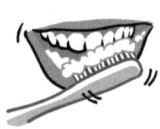

brush teeth

dişiňi arassalamak

kill

öldürmek

smoke

çilim çekmek

send

ugratmak

family
maşgala

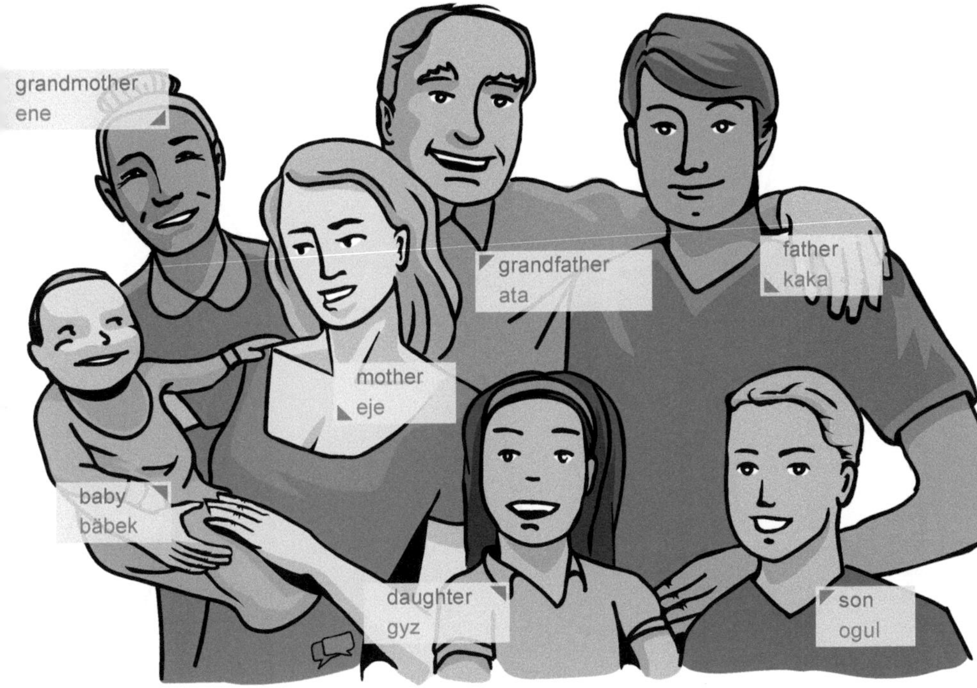
grandmother
ene
grandfather
ata
father
kaka
mother
eje
baby
bäbek
daughter
gyz
son
ogul

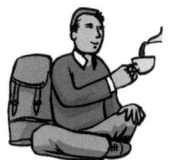

guest

myhman

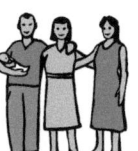

aunt

daýza

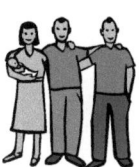

uncle

daýy

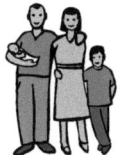

brother

aga

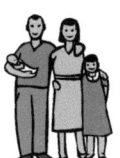

sister

uýa

body

ten

forehead
mańlaý
eye
göz
shoulder
egin
finger
barmak
face
ýüz
chin
äň
hand
penje
breast
döş
leg
aýak
arm
el

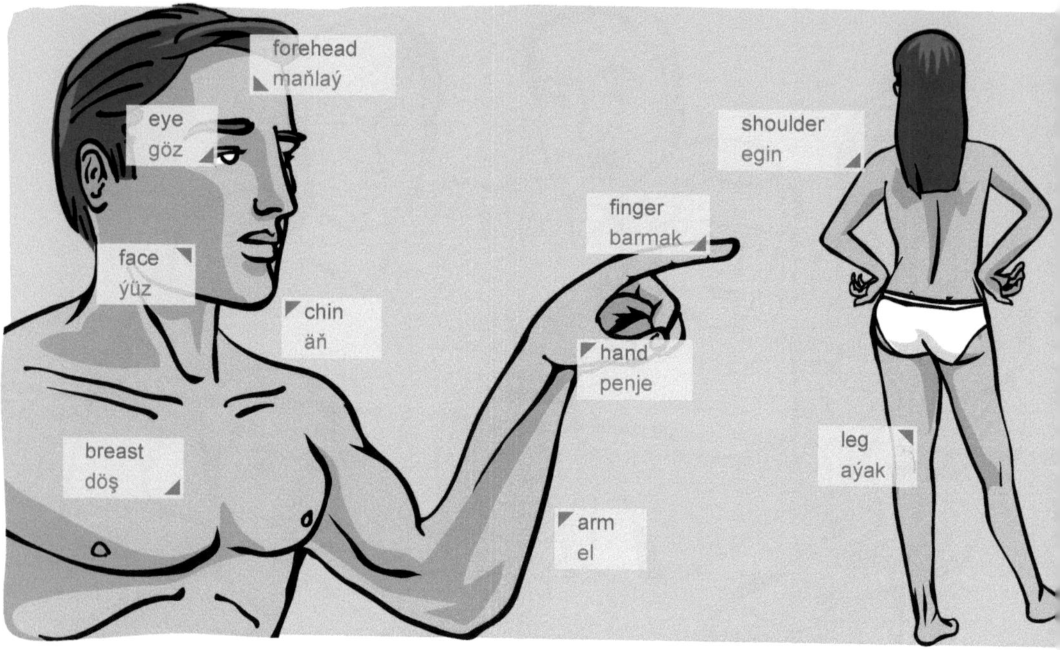

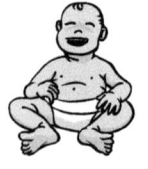

baby

bäbek

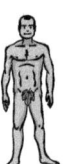

man

erkek

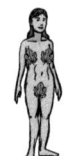

woman

aýal

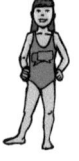

girl

gyz

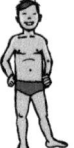

boy

oglan

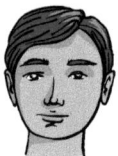

head

kelle

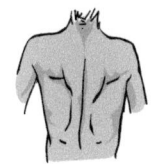

back
arka

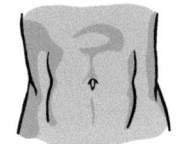

belly
garyn

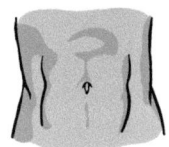

belly button
göbek

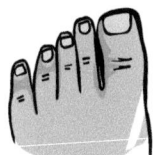

toe
aýak barmagy

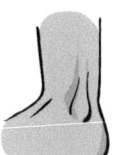

heel
ökje

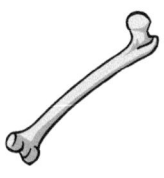

bone
süňk

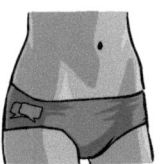

hip
but

knee
dyz

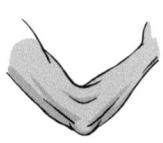

elbow
tirsek

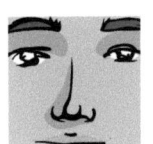

nose
burun

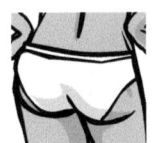

bottom
ýanbaş

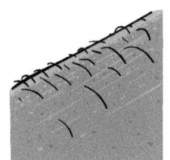

skin
deri

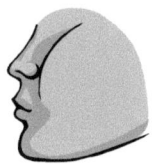

cheek
ýaňak

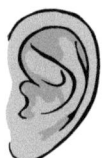

ear
gulak

lip
dodak

mouth

agyz

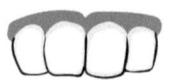

tooth

diş

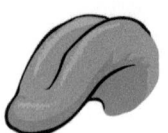

tongue

dil

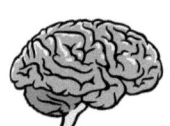

brain

beýni

heart

ýürek

muscle

myşsa

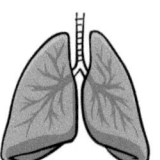

lung

öýken

liver

bagyr

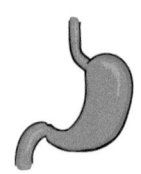

stomach

aşgazan

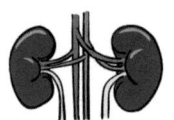

kidneys

böwrek

sex

jyns ýakynlygy

condom

prezerwatiw

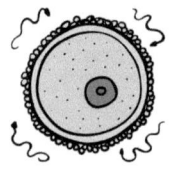

ovum

erkeklik jyns öýjügi

semen

tohumlyk

pregnancy

göwrelilik

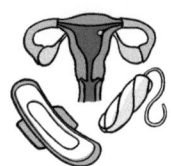

menstruation

bil açylma

vagina

wagina

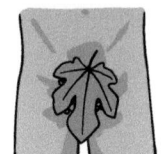

penis

erkek jyns agzasy

eyebrow

gaş

hair

saç

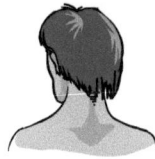

neck

boýun

hospital
hassahana

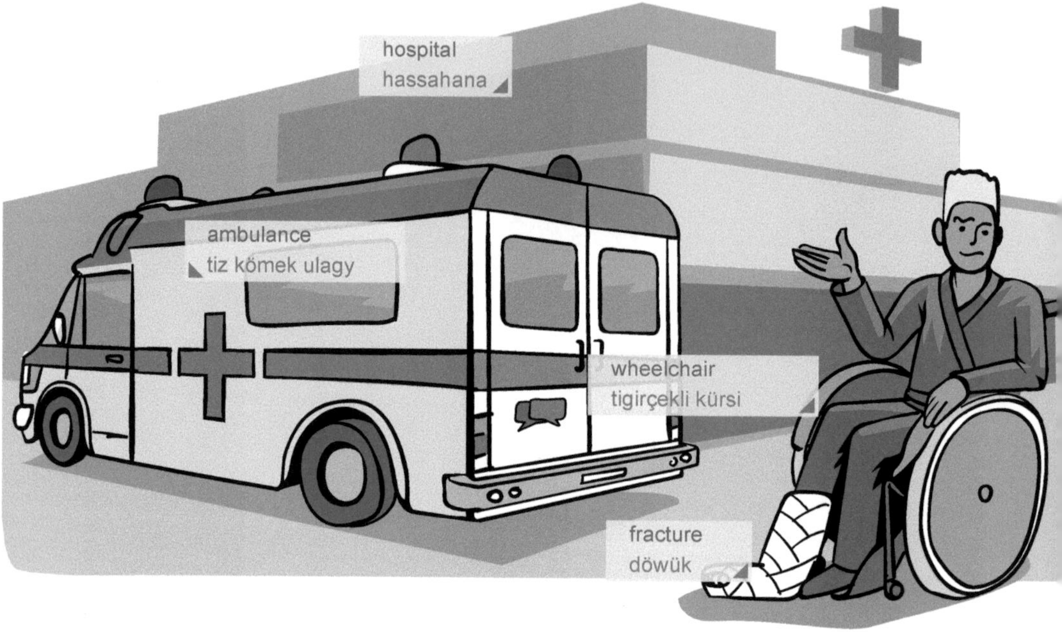

hospital
hassahana
ambulance
tiz kömek ulagy
wheelchair
tigirçekli kürsi
fracture
döwük

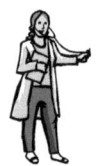

doctor
lukman

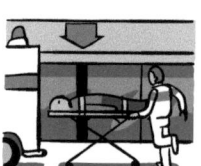

emergency room
ilkinji kömek nokady

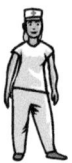

nurse
şepagat uýasy

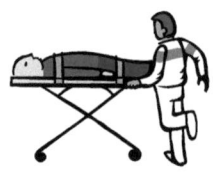

emergency
gaýragoýulmasyz ýagdaý

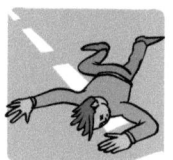

unconscious
özüni bilmän

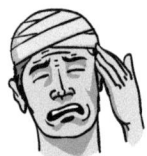

pain
agyry

injury

zeper ýetme

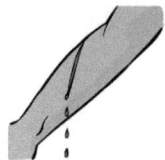

bleeding

gan akmasy

heart attack

infarkt

stroke

insult

allergy

allergiýa

cough

üsgülik

fever

ýokarlanan temperatura

flu

dümew

diarrhoea

içgeçme

headache

kelle agyrysy

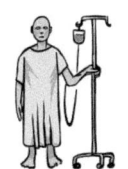

cancer

rak

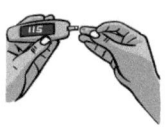

diabetes

diabet

surgeon

hirurg

scalpel

skalpel

operation

operasiýa

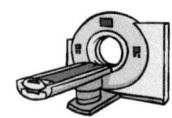

CT

iýmit siňdirýän ortlaryň jemi

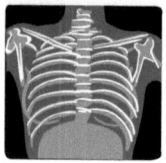

x-ray

rentgen

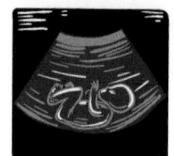

ultrasound

ultrases

face mask

maska

disease

kesel

waiting room

kabulhana

crutch

pişek

plaster

plastyr

bandage

bint

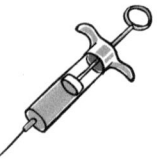

injection

sanjym

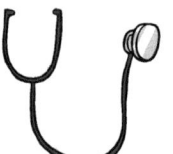

stethoscope

stetoskop

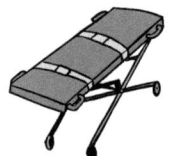

stretcher

zemmer

clinical thermometer

termometr

birth

dogluş

overweight

artykmaç agram

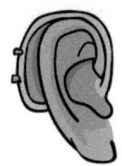

hearing aid

eşidiş abzaly

disinfectant

zyýansyzlandyryjy serişde

infection

ýokanç

virus

wirus

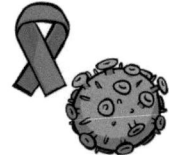

HIV / AIDS

WIÇ/ AIDS

medicine

derman

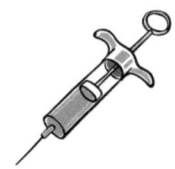

vaccination

öňüni alyş sanjymy

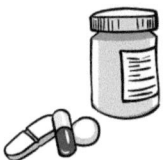

tablets

gerdejikler

pill

göwreli bolmakdan goraýan gerdejik

emergency call

gaýragoýulmasyz çagyryş

blood pressure monitor

gan basyşyny ölçeýji abzal

ill / healthy

näsag / sagdyn

alarm

howsala signaly

assault

çozuş

Help!

Kömek ediň!

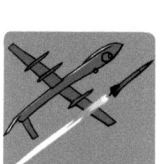

attack

hüjüm

danger

howp

emergency exit

ätiýaçlyk çykalgasy

Fire!

Ýangyn!

fire extinguisher

ot söndürijisi

accident

betbagtçylykly ýagdaý

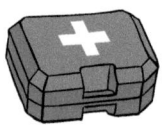

first-aid kit

derman gutujygy

SOS

SOS

police

milisiýa

Europe

Ýewropa

North America

Demirgazyk Amerika

South America

Günorta Amerika

Africa

Afrika

Asia

Aziýa

Australia

Awstraliýa

Atlantic

Atlantika ummany

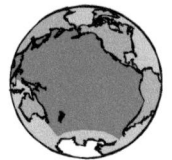

Pacific

Ýuwaş umman

Indian Ocean

Hindi ummany

Antarctic Ocean

Antarktika ummany

Arctic Ocean

Demirgazyk Buzly umman

North Pole

Demirgazyk polýusy

South Pole

Günorta polýusy

Antarctica

Antarktida

Earth

zemin

land

gury ýer

sea

deňiz

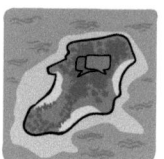

island

ada

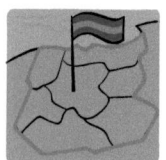

nation

millet

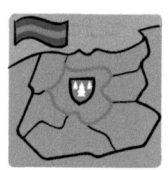

state

döwlet

clock face

siferblat

hour hand

sagadyň dili

minute hand

minut görkezýän dil

second hand

sekundy görkezýän dil

What time is it?

sagat näçe?

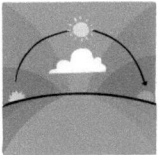

day

gün

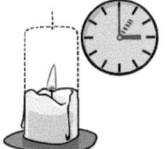

time

wagt

now

häzir

digital watch

elektron sagady

minute

minut

hour

sagat

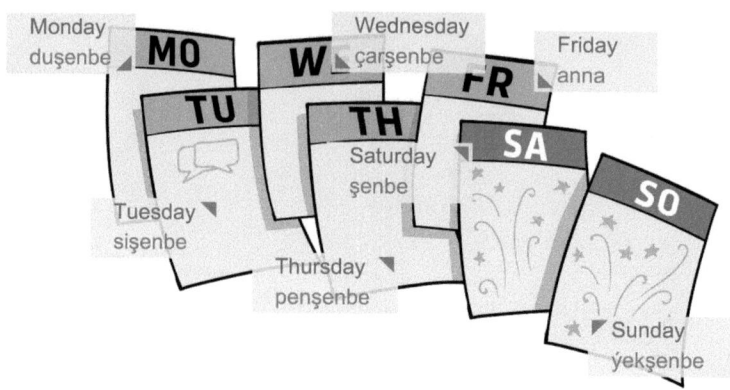

Monday
duşenbe

Wednesday
çarşenbe

Friday
anna

Tuesday
sişenbe

Saturday
şenbe

Thursday
penşenbe

Sunday
ýekşenbe

yesterday

düýn

today

şu gün

tomorrow

ertir

morning

säher

noon

günortan

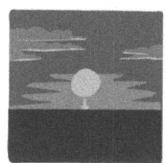

evening

agşamlyk

MO	TU	WE	TH	FR	SA	SU
1	2	3	4	5	6	7
8	9	10	11	12	13	14
15	16	17	18	19	20	21
22	23	24	25	26	27	28
29	30	31	1	2	3	4

business days

iş günler

MO	TU	WE	TH	FR	SA	SU
1	2	3	4	5	6	7
8	9	10	11	12	13	14
15	16	17	18	19	20	21
22	23	24	25	26	27	28
29	30	31	1	2	3	4

weekend

dynç günler

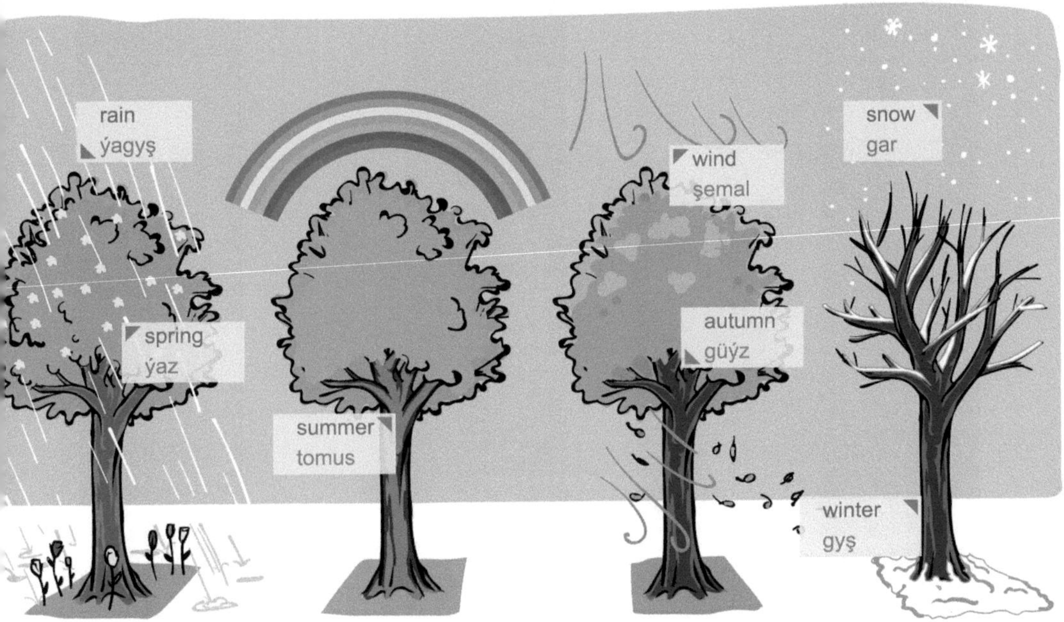

rain
ýagyş
wind
şemal
snow
gar
spring
ýaz
autumn
güýz
summer
tomus
winter
gyş

4.APRIL 11°
5.APRIL 4°
6.APRIL 13°
7.APRIL 8°
8.APRIL 10°

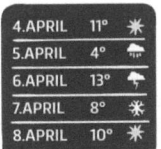

weather forecast

howa maglumaty

F
C

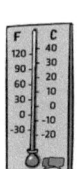

thermometer

termometr

sunshine

gün ýagtylygy

cloud

gara bulut

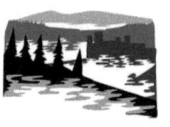

fog

ümür

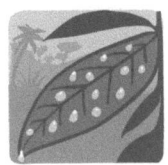

humidity

howanyň çyglylygy

lightning

ýyldyrym

thunder

gök gümmürdisi

storm

tupan

hail

doly

monsoon

musson

flood

suw alma

ice

buz

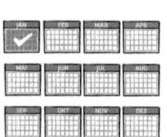

January

ýanwar

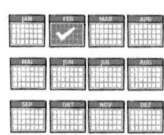

February

fewral

March

mart

April

aprel

May

maý

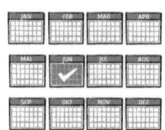

June

iýun

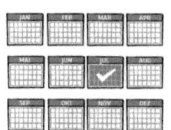

July

iýul

August

awgust

September
....
sentýabr

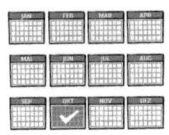

October
....
oktýabr

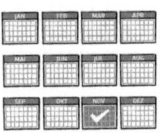

November
....
noýabr

December
....
dekabr

shapes
görnüşler

circle
....
tegelek

square
....
kwadrat

rectangle
....
göniburçluk

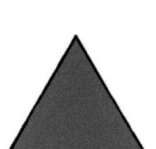

triangle
....
üçburçluk

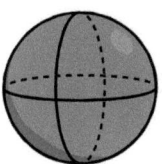

sphere
....
şar

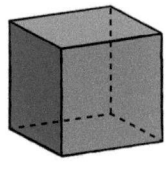

cube
....
kub

shapes - görnüşler

83

white

ak

yellow

sary

orange

mämişi

pink

gülgüne

red

gyzyl

purple

liliýa reňkli

blue

gök

green

ýaşyl

brown

goňur

grey

çal

black

gara

a lot / a little

köp / az

angry / calm

gazaply / asuda

beautiful / ugly

owadan / betnyşan

beginning / end

başy / soňy

big / small

uly / kiçi

bright / dark

açyk / garaňky

brother / sister

oglan dogan / gyz dogan

clean / dirty

arassa / hapa

complete / incomplete

doly / doly däl

day / night

gündiz / gije

dead / alive

jansyz / diri

wide / narrow

giň / dar

edible / inedible

iýilýän / iýilmeýän

evil / kind

gaharly / dostlukly

excited / bored

tolgunly / tukat

fat / thin

çişik / hor

first / last

başda / soňunda

friend / enemy

dost / duşman

full / empty

doly / boş

hard / soft

berk / ýumşak

heavy / light

agyr / ýeňil

hunger / thirst

açlyk / teşnelik

ill / healthy

näsag / sagdyn

illegal / legal

bikanun / kanuny

intelligent / stupid

akyly / akmak

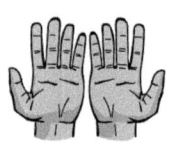

left / right

çepde / sagda

near / far

ýakyn / daş

new / used

täze / ulanylan

nothing / something

hiç zat / bir zat

old / young

garry / ýaş

on / off

ýakylan / söndürilen

open / closed

açyk / ýapyk

quiet / loud

ýuwaş / gaty

rich / poor

baý / garyp

right / wrong

dogry / nädogry

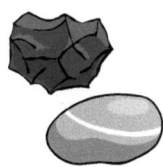

rough / smooth

büdür-südür / tekiz

sad / happy

gamgyly / şatlykly

short / long

gysga / uzyn

slow / fast

haýal / tiz

wet / dry

öl / gury

warm / cool

ýyly / sowuk

war / peace

uruş / parahatçylyk

numbers
sanlar

0

zero

nul

1

one

bir

2

two

iki

3

three

üç

4

four

dört

5

five

bäş

6

six

alty

7

seven

ýedi

8

eight

sekiz

9

nine

dokuz

10

ten

on

11

eleven

on bir

12

twelve

on iki

13

thirteen

on üç

14

fourteen

on dört

15

fifteen

on bäş

16

sixteen

on alty

17

seventeen

on ýedi

18

eighteen

on sekiz

19

nineteen

on dokuz

20

twenty

ýigrimi

100

hundred

ýüz

1.000

thousand

müň

1.000.000

million

million

languages
diller

English

iňlis

American English

amerikan iňlis

Chinese Mandarin

mandarin hytaý

Hindi

hindi

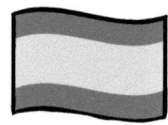

Spanish

ispan

French

fransuz

Arabic

arap

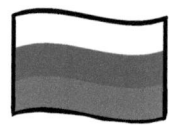

Russian

rus

Portuguese

portugal

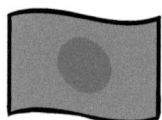

Bengali

bengal

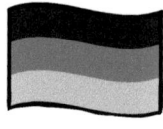

German

nemes

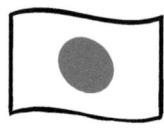

Japanese

ýapon

I
men

you
sen

he / she / it
ol (oglan) / ol (gyz) / ol (jansyz zat)

we
biz

you
siz

they
olar

who?
kim?

what?
näme?

how?
nähili?

where?
nirede?

when?
haçan?

name
ady

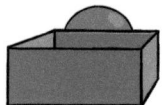

behind

yzynda

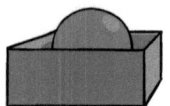

in

içinde

in front of

öňünde

over

bir zadyň üsti

on

üstünde

under

aşagynda

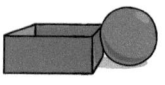

beside

ýanynda

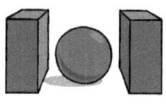

between

arasynda

place

ýer